Der Sinn des Lebens ist die Liebe

Gedanken und Ermutigungen von Mutter Teresa

benno

Die Frucht der Stille ist das Gebet.
Die Frucht des Gebets ist der Glaube.
Die Frucht des Glaubens ist die Liebe.
Die Frucht der Liebe ist das Dienen.
Die Frucht des Dienens ist der Friede.

Die Liebe Gottes

Gott liebt die Welt heute so sehr, dass er euch und mich hingibt, um diese Welt zu lieben, um einen Teil seiner Liebe und seines Mitleids zu sein. Es ist ein schöner Gedanke, davon überzeugt zu sein, dass ihr und ich zuerst einmal in unserem eigenen Zuhause jene Liebe und jenes Mitleid ausüben dürfen. Und dann kommt unser unmittelbarer Nachbar dran. Aber kennen wir unseren Nachbarn überhaupt? Kennen wir die Armen in unserer eigenen Umgebung? Es ist so leicht für uns, in einem fort über die Armen anderer Länder zu plaudern, außerhalb unseres Hauses, und doch haben wir die Leidenden, die Vereinsamten, die Alten, die Ungewünschten, die sich elend Fühlenden unmittelbar bei uns selbst, ohne sie zu kennen, weil wir nicht einmal Zeit aufbringen für ein Lächeln für sie. Als Mitarbeiter Jesu müssen wir zuerst einmal dies lernen. Wir brauchen weder Bomben noch Gewehre, um den Frieden in der Welt zu verwirklichen, wir brauchen nur jene Nächstenliebe und jenes Mitleid, um die wir täglich beten. Verständnisvolle Liebe, das wird Freude und Friede bringen ... Darum erbitte ich mir von euch: versucht, eure Armen hier zu finden, zuerst in eurem eigenen Heim. Gestattet nicht, dass jemand einsam ist, dass er sich unerwünscht und ungeliebt fühlt, vor allem nicht euer eigener Nachbar. Und wenn es ein Blinder ist, geht zu ihm und lest ihm die Zeitung vor. Besorgt einfach jemandem den Einkauf, die Putzarbeiten.

Alles kleine Dinge! Mehr ist nicht nötig.

Mutter Teresa

»Zu allen sagte er:
Wer mein Jünger
sein will,
der verleugne
sich selbst,
nehme täglich
sein Kreuz auf sich
und folge mir nach.
Denn wer sein Leben
retten will,
wird es verlieren;
wer aber sein Leben
um meinetwillen verliert,
der wird es retten.«
Lk 9,23–24

Der Ruf

Lieber Gott,
du großer Heiler,
ich knie vor dir,
denn jede vollkommene Gabe
muss von dir kommen.

Ich bitte dich,
schenke meinen Händen Geschicklichkeit,
meinem Verstand Scharfblick
und meinem Herzen Mitgefühl und Sanftmut.
Verleihe mir Zielstrebigkeit,
die Kraft, einen Teil der Last meiner
leidenden Mitmenschen
auf mich zu nehmen,
und die wahre Erkenntnis der Ehre,
die mir zuteil wird.
Nimm alle Falschheit und alles weltliche
Verlangen aus meinem Herzen,
damit ich mit dem schlichten Glauben
eines Kindes auf dich vertrauen kann.

»Denn so
spricht der Herr,
der Heilige Israels:
Nur in Umkehr
und Ruhe liegt
eure Rettung,
nur Stille
und Vertrauen
verleihen euch Kraft.«
Jes 30,15

Die Stille

Gott ist der Freund der Stille.
Seht, wie die Natur
– Bäume, Blumen, Gras – in der Stille wächst,
seht die Sterne, den Mond und die Sonne,
wie sie sich in der Stille bewegen...
Je mehr wir im stillen Gebet empfangen,
umso mehr können wir
in unserem tätigen Leben geben.
Wir brauchen die Stille,
um Seelen anrühren zu können.
Das Wesentliche ist nicht, was wir sagen,
sondern was Gott uns und durch uns sagt.
Alle unsere Worte werden sinnlos sein,
wenn sie nicht von innen kommen;
Worte, die nicht das Licht Christi geben,
vergrößern die Dunkelheit.
Menschen, die das Gebet lieben, lieben die Stille.
Wir werden uns nicht in die Gegenwart Gottes versetzen können, ohne uns zu einer inneren und äußeren Stille zu zwingen. Deshalb müssen wir uns an eine Stille des Geistes, der Augen und der Zunge gewöhnen.

»Darum sage ich euch:
Alles, worum ihr betet
und bittet –
glaubt nur,
dass ihr es schon
erhalten habt,
dann wird es euch zuteil.
Und wenn ihr beten wollt
und ihr habt einem
anderen etwas
vorzuwerfen,
dann vergebt ihm,
damit auch euer Vater
im Himmel euch
eure Verfehlungen
vergibt.«
Mk 11,24–25

Das Gebet

Gebet ist Freude,
Gebet ist Sonnenschein der Liebe Gottes,
Gebet ist Hoffnung auf ewige Glückseligkeit,
Gebet ist die brennende Flamme
von Gottes Liebe zu dir und zu mir.
Lasst uns unsere Liebe Frau bitten,
uns ihr Herz zu geben:
so schön, so rein, so makellos,
so voller Liebe und Demut,
damit wir so beten können, wie sie betete,
Jesus so lieben, wie sie ihn liebte,
so total dem Vater zur Verfügung stehen,
wic sic es war,
die treue Braut des Heiligen Geistes sein,
wie sie es war.
Lasst uns füreinander beten,
denn dies ist die beste Art,
einander zu lieben, wie Jesus es uns gesagt hat:
einander zu lieben, wie er uns geliebt hat,
wie der Vater ihn geliebt hat.

»Der junge Mann
erwiderte ihm:
Alle diese Gebote
habe ich befolgt.
Was fehlt mir
jetzt noch?
Jesus antwortete ihm:
Wenn du vollkommen
sein willst, geh,
verkauf deinen Besitz
und gib das Geld
den Armen;
so wirst du einen
bleibenden Schatz
im Himmel haben;
dann komm und
folge mir nach.«
Mt 19,20-21

Der Glaube

Niemand kann mir meinen Glauben nehmen.
Wenn ich in einem Land bleiben müsste,
das den Glauben verbietet,
um die Liebe Christi
bei den Ärmsten der Armen aufleuchten zu lassen,
dann würde ich bleiben,
aber nicht von meinem Glauben lassen.
Ich würde bereit sein, mein Leben zu opfern,
nicht aber meinen Glauben.
Der Glaube ist ein Geschenk Gottes – es gäbe kein
Leben ohne ihn: Um Früchte zu tragen, um nur
Gott anzugehören, um zu gelingen, muss unser
Werk auf dem Glauben aufgebaut sein ...
Es gibt zuwenig Glauben,
weil es zuviel Egoismus und Besitzgier gibt.
Echter Glauben muss großherzig sein.
Liebe und Glaube gehören zusammen –
sie ergänzen einander ...
Wir wissen, dass das, was wir tun,
nur ein Tropfen im Meer ist.
Aber wäre dieser Tropfen nicht im Meer,
so würde er fehlen.

»Und was sorgt ihr euch um eure Kleidung? Lernt von den Lilien, die auf dem Feld wachsen: Sie arbeiten nicht und spinnen nicht. Doch ich sage euch: Selbst Salomo war in all seiner Pracht nicht gekleidet wie eine von ihnen.« Mt 6, 28-29

Die Hoffnung

O Herr, du hast uns gesagt,
dass unser Vater im Himmel für uns sorgen wird,
so wie er für die Lilien auf dem Felde
und die Vögel unter dem Himmel sorgt.
Du, der nicht einmal einen Platz hatte,
wohin er sein müdes Haupt legen konnte,
sei unser Lehrer.
Lehre uns, auf Gottes Vorsehung zu vertrauen,
und hilf uns,
unsere menschliche Habgier zu überwinden.
Habgier hat nie jemanden glücklich gemacht.
Gib uns die Kraft, uns dir ganz zu ergeben,
damit wir ein Werkzeug sein können,
deinen Willen zu erfüllen.
Segne den Gebrauch des Geldes in der Welt,
damit die Hungernden gespeist,
die Nackten gekleidet,
die Armen beherbergt und die Kranken
gepflegt werden können.
Und Herr, gib uns deinen Heiligen Geist,
damit wir durch den Glauben,
den du uns verleihst, klar erkennen,
dass wir alle vor dir mehr gelten
als jede schöne Lilie oder
jede singende Lerche in der Luft.

»Ein neues Gebot gebe ich euch: Liebt einander! Wie ich euch geliebt habe, so sollt auch ihr einander lieben. Daran werden alle erkennen, dass ihr meine Jünger seid: wenn ihr einander liebt.«
Joh 13,34-35

Die Liebe

Liebe beginnt zu Hause, Liebe lebt, wo Menschen sind. Gerade deshalb gibt es heute in der Welt so viel Leid, Unglück und Elend. Wenn wir Jesus fragen, wird er uns wiederholen, was er seinen Jüngern hinterließ: »Liebet einander, wie ich euch geliebt habe.« Diese seine Liebe hat er uns durch sein Leiden bewiesen und durch seinen Tod am Kreuz. Wollen wir also einander lieben und diese Liebe wieder in unserem täglichen Leben wirksam werden lassen, so müssen wir damit zu Hause beginnen.

Auf der ganzen Welt herrschen heute Unordnung und Verwirrung, und wohin man schaut, sieht man viel Leid. Einer der Gründe dafür liegt gewiss darin, dass es so wenig Liebe gibt, angefangen im Leben der Familie und unserer nächsten Umgebung. Wir haben keine Zeit mehr für unsere Kinder und füreinander; wir haben keine Zeit, uns Freude zu machen. Wenn wir uns in unserem Alltag nur etwas mehr das Leben, das Jesus, Maria und Josef in Nazaret führten, zum Vorbild nehmen würden, wenn wir unser Zuhause ein wenig zu einem zweiten Nazaret werden ließen, dann müsste es doch bald mehr Friede und Freude in der Welt geben.

»Denn ich war hungrig
und ihr habt mir
zu essen gegeben;
ich war durstig und
ihr habt mir zu trinken
gegeben;
ich war fremd
und obdachlos
und ihr habt mich
aufgenommen;
ich war nackt und
ihr habt mir Kleidung
gegeben;
ich war krank und
ihr habt mich besucht;
ich war im Gefängnis
und ihr seid
zu mir gekommen.«
Mt 25,35-36

Der Nächste

Ich war hungrig, du gabst mir zu essen.
Ich war durstig, du gabst mir zu trinken.
Was auch immer du dem geringsten meiner Brüder tust, das tust du mir.
Nun tritt ein in das Haus meines Vaters.
Ich war obdachlos, du öffnetest deine Türen.
Ich war nackt, du gabst mir deinen Rock.
Ich war müde, du halfst mir Ruhe finden.
Ich war ängstlich, du sänftigtest all meine Furcht.
Ich war klein, du lehrtest mich lesen.
Ich war einsam, du gabst mir Liebe.
Ich war im Gefängnis, du kamst in meine Zelle.
Ich war auf dem Krankenbett, du pflegtest mich.
Im fremden Land schenktest du mir Heimat.
Ich war arbeitslos, du fandest Arbeit für mich.
Ich war in der Schlacht verwundet, du verbandest meine Wunden.
Als ich nach Güte verlangte, hieltest du meine Hand.
Ich war Neger oder Chinese oder Weißer, verspottet und beleidigt, du trugst mein Kreuz.
Ich war alt, du schenktest mir dein Lächeln.
Ich war ruhelos, du hörtest mich geduldig an.
Du sahst mich bedeckt mit Speichel und Blut.
Du erkanntest mich, obwohl ich schmutzig war von Schweiß.
Als man mich auslachte, standest du mir zur Seite.
Ich war glücklich, du teiltest meine Freude.

»Kommt alle zu mir,
die ihr euch plagt
und schwere Lasten
zu tragen habt.
Ich werde euch
Ruhe verschaffen.
Nehmt mein Joch
auf euch und
lernt von mir;
denn ich bin gütig
und von Herzen demütig;
so werdet ihr
Ruhe finden
für eure Seele.
Denn mein Joch
drückt nicht und
meine Last ist leicht.«
Mt 11,28-30

Die Demut

Wir müssen demütig sein.
Gottes Demut macht mich betroffen.
Er hat sich selbst gedemütigt.
Er, der die Fülle der Gottheit besaß,
nahm die Gestalt eines Knechtes an.
Und auch heute noch zeigt er seine Demut,
indem er sich so unzulänglicher Werkzeuge
bedient, wie wir es sind,
schwacher, ungeeigneter, unvollkommener
Werkzeuge. (...)
Lasst keinen Stolz und keine Eitelkeit in der Arbeit
sein. Die Arbeit ist Gottes Arbeit, die Armen sind
Gottes Arme.
Stellt euch ganz unter den Einfluss Jesu,
so dass er seine Gedanken in eurem Gemüt denken,
sein Werk durch eure Hände tun kann,
denn ihr werdet mit ihm, der euch stärkt,
allmächtig sein.

INRI

»Sein Herr sagte
zu ihm: Sehr gut,
du bist ein tüchtiger
und treuer Diener.
Du bist im Kleinen
ein treuer Verwalter
gewesen,
ich will dir eine große
Aufgabe übertragen.
Komm, nimm teil
an der Freude
deines Herrn!«
Mt 25,21

Die Freude

Gepriesen seiest du, Herr,
der meinem Leben so viel Freude gebracht hat.
Ich lächle, wenn ich den Reichtum deiner
Segnungen sehe.
Meine Augen lächeln, wenn ich sehe,
wie hungernde Kinder gesättigt werden.
Mein alter Mund lächelt, wenn ich sehe,
wie Menschen begreifen,
dass sie von dir gebraucht werden.
Oft, Herr, lache ich aus vollem Herzen
gemeinsam mit den Schwestern,
wenn wir sehen, was du wirklich bist.
Und täglich lachen wir mit der Freude,
die du uns gibst,
wenn wir dir unser Loblied singen.
Dank dir für dieses wunderbare,
fröhliche Lachen, Herr.
Amen.

»Wer sein Leben
retten will,
wird es verlieren;
wer aber sein Leben
um meinetwillen und
um des Evangeliums
willen verliert,
wird es retten.
Was nützt es
dem Menschen,
wenn er die
ganze Welt gewinnt,
dabei aber sein
Leben einbüßt?
Um welchen Preis
könnte ein Mensch
sein Leben
zurückkaufen?«
Mk 8,35-37

Das Leben

Das Leben ist Schönheit, bewundere sie.
Das Leben ist Seligkeit, genieße sie.
Das Leben ist eine Chance, nütze sie.
Das Leben ist ein Traum, mach daraus Wirklichkeit.
Das Leben ist eine Herausforderung, stelle dich ihr.
Das Leben ist eine Pflicht, erfülle sie.
Das Leben ist ein Spiel, spiele es.
Das Leben ist kostbar, geh sorgfältig damit um.
Das Leben ist Reichtum, bewahre ihn.
Das Leben ist Liebe, erfreue dich an ihr.
Das Leben ist ein Rätsel, durchdringe es.
Das Leben ist ein Versprechen, erfülle es.
Das Leben ist Traurigkeit, überwinde sie.
Das Leben ist eine Hymne, singe sie.
Das Leben ist Kampf, akzeptiere ihn.
Das Leben ist Tragödie, ringe mit ihr.
Das Leben ist ein Abenteuer, wage es.
Das Leben ist Glück, verdiene es.
Das Leben ist das Leben, verteidige es.

**»Frieden hinterlasse
ich euch,
meinen Frieden
gebe ich euch;
nicht einen Frieden,
wie die Welt ihn gibt,
gebe ich euch.
Euer Herz beunruhige
sich nicht
und verzage nicht.«
Joh 14,27**

Der Frieden

Mach uns würdig, Herr, unseren Mitmenschen zu
dienen, die in Armut und Hunger leben und sterben.
Gib ihnen durch unsere Hände ihr tägliches Brot,
durch unsere verstehende Liebe Frieden und Freude.
Herr, mache mich zu einem Boten deines Friedens,
dass ich dort, wo Hass ist, Liebe bringe;
wo Unrecht herrscht, den Geist des Verzeihens;
wo Uneinigkeit ist, Einigkeit;
wo Irrtum herrscht, Wahrheit;
wo Zweifel ist, Vertrauen;
wo Verzweiflung ist, Hoffnung;
wo Schatten sind, Licht;
wo Traurigkeit ist, Freude.
Herr, gewähre,
dass ich suche, eher zu trösten
als getröstet zu werden;
zu verstehen als verstanden zu werden;
zu lieben als geliebt zu werden;
denn durch Selbstvergessen findet man;
durch Verzeihen erlangt man Verzeihung;
durch Sterben erwacht man zum ewigen Leben.

Bibliografische Information Der Deutschen Bibliothek

Die Deutsche Bibliothek verzeichnet diese Publikation
in der Deutschen Nationalbibliografie; detaillierte
bibliografische Daten sind im Internet
über http://dnb.ddb.de abrufbar.

Fotonachweis
Andreas Pohl, Freiburg: S, 9, 19
Rauch-Color-Dia, Michelstadt: S. 13, 25
Gudrun Knöll, Altenried: S. 15
Lothar Conrad, Bad Rappenau: S. 17
Peter Santor, Karlsruhe: S. 21
Werner H. Müller, Stuttgart: S. 23

ISBN 3-7462-1640-0

Stammerstr. 11, 04159 Leipzig
www.st-benno.de
Redaktion: Robert Rothmann, Dresden
Umschlaggestaltung: Ulrike Vetter, Leipzig
unter Verwendung eines Bildes von Look
Gesamtherstellung: Arnold & Domnick, Leipzig